COMO É QUE ESTÁ AÍ?

LUTO NO SILÊNCIO DE UMA RESPOSTA

Licio de Araújo Vale

Dados Internacionais de Catalogação na Publicação (CIP)
Angélica Ilacqua CRB-8/7057

Vale, Licio de Araújo
Como é que está aí? : luto no silêncio de uma resposta / Licio de
Araújo Vale. - São Paulo : Paulinas, 2022.
88 p. (Coleção Pastoral da saúde)

Bibliografia
ISBN 978-65-5808-162-3

1. Luto 2. Morte – Aspectos psicológicos 3. Espiritualidade
I. Título II. Série.

22-1504 CDD 393.9

Índice para catálogo sistemático:
1. Luto

1ª edição – 2022

Direção-geral: *Flávia Reginatto*
Editora responsável: *Andréia Schweitzer*
Coordenação de revisão: *Marina Mendonça*
Copidesque: *Mônica Elaine G. S. da Costa*
Revisão: *Sandra Sinzato*
Gerente de produção: *Felício Calegaro Neto*
Projeto gráfico: *Clayton Barros dos Reis*
Produção de arte: *Telma Custódio*

Nenhuma parte desta obra poderá ser reproduzida ou transmitida
por qualquer forma e/ou quaisquer meios (eletrônico ou mecânico,
incluindo fotocópia e gravação) ou arquivada em qualquer sistema ou
banco de dados sem permissão escrita da Editora. Direitos reservados.

Paulinas
Rua Dona Inácia Uchoa, 62
04110-020 – São Paulo – SP (Brasil)
Tel.: (11) 2125-3500
http://www.paulinas.com.br – editora@paulinas.com.br
Telemarketing e SAC: 0800-7010081
© Pia Sociedade Filhas de São Paulo – São Paulo, 2022

*"Toda dor pode ser suportada
se sobre ela puder ser contada uma história."*

Hannah Arendt

Dedico este livro a todos os familiares, amigos, colegas e conhecidos que compartilham o luto da despedida de um ente querido que partiu, especialmente por conta da Covid-19. Eles, além da ausência, sofreram antes com o distanciamento, com a limitação de participantes no velório e com a experiência de urna fechada, sem possibilidade de um último adeus. Meu sincero respeito e sentimento a todas essas famílias.

AGRADECIMENTOS

Quero agradecer a Deus por sua infinita misericórdia em nos conceder a graça da descoberta de vacinas para combater a pandemia e o vírus da Covid-19.

Agradeço a meus pais, Maria Nilza de Araújo Vale e Elias Pereira Vale (que morreu por suicídio e é o grande responsável por meu amor, estudo e dedicação à suicidologia e à valorização da vida), pelo dom da vida e pelo amor a mim dedicado.

Especial e eterna gratidão a meus amigos Fabiana Brochetti dos Reis e Clayton Barros dos Reis, sócios-diretores da agência FabiComunica360, que sonharam este livro comigo.

E, por fim, claro que também agradeço a minha querida amiga Ir. Flávia Reginatto, fsp, no coração de quem esta obra nasceu primeiro. Ela é a grande responsável pelo desafio de escrevê-la.

O SENHOR ESTÁ PERTO DOS QUE TÊM O CORAÇÃO QUEBRANTADO E SALVA OS DE ESPÍRITO ABATIDO.

SALMO 34,18

SUMÁRIO

Apresentação 13

Ficha interativa 16

Vamos juntos tentar entender o que causou essa ferida
e como curá-la? 18

Introdução 19

O que é luto e como lidar com a perda de pessoas queridas? 23

É possível classificar o luto? 26

Estágios do luto 27

Como lidar com o luto? 33

Luto e angústia 38

Amor e luto 40

A diferença entre perda e luto 43

Como falar de morte para crianças 54

Crianças vivem processos de luto como os adultos 58

Pausa para reflexão 61

Luto e depressão 63

O processo do luto diante da pandemia da Covid-19 64

Impacto na Igreja 67

Importância dos ritos 69

O adeus 75

Como ajudar uma pessoa em situação de luto 79

Se for preciso chore, mas não questione a vontade de Deus 80

Onde procurar ajuda? 81

Considerações finais 84

Referências bibliográficas 86

APRESENTAÇÃO

De repente o silêncio ocupou as ruas, a angústia adentrou os corações e um vírus tomou conta do mundo. A "pandemia da Covid-19", assim caracterizada pela Organização Mundial de Saúde, em março de 2020, chegou como um turbilhão na vida de todos. Durante a experiência da longa quarentena, pudemos observar a necessidade e a agilidade dos profissionais de saúde para aprender a lidar com essa doença que assolou todos os continentes. Professores tiveram que reinventar seus modelos de aula. Alunos passaram a aprender em casa. As portas das igrejas se fecharam, mas o coração de cada fiel se abriu para que Cristo permanecesse vivo e presente. Ninguém conseguiu ficar ileso.

No início, o impacto foi direto a nossas emoções. Em meio a tanto estresse, fomos obrigados a ficar em casa. A ansiedade gerada pela busca de respostas, pelo medo da própria contaminação ou de transmitir o vírus a nossos familiares, além da necessidade de transitar em campo desconhecido, foi se desdobrando em outros sentimentos, como incômodo, raiva, tristeza, angústia, frustração, indignação, preocupação e receio.

Chegou um momento em que as varandas se tornaram palcos, os quintais se transformaram em parques de diversão e as casas, em escolas e igrejas. Entretanto, o número de mortos no Brasil e no mundo não parava de crescer. Além das muitas vidas perdidas, a agonia aumentada dos profissionais de saúde ao verem a capacidade máxima de leitos ocupados e ao ouvirem sempre a mesma frase ecoar entre as crianças e os familiares isolados: "Como é que está aí?".

Quantas famílias aguardavam por notícias de parentes internados! Quantos profissionais de saúde ligaram para outros países, na esperança de uma solução rápida! Quantos pais ligaram para seus filhos para amenizar a dor e a distância! Quantos religiosos intercederam em orações pelo fim do sofrimento! E quantas pessoas ficaram sem uma resposta e sem um adeus!

As mortes em massa em curto espaço de tempo e as dificuldades de nos despedirmos dos entes queridos tornaram especialmente penoso reelaborar a dor e nos fizeram pensar na importância de escrever sobre o luto, de modo a estimular o amor ao próximo (amigos, familiares e desconhecidos) e restaurar a gratidão pela oportunidade da vida.

Escrito em linguagem simples e objetiva, o livro busca acolher cônjuges, pais, filhos, familiares, professores, profissionais da saúde e religiosos que estejam passando pelo período da dor da despedida de uma pessoa querida, assim como por outros tipos de luto por perdas sociais e materiais.

Este livro é seu. Revele sua ferida e compartilhe sua dor, escreva o que você sente. Permita que estas páginas diminuam o peso que você carrega. Nunca se esqueça: a cura só acontece para quem é capaz de expor e partilhar sua dor.

Se quiser conhecer mais sobre meu trabalho, me siga nas redes sociais:

- **Instagram @licio.vale**
- **Facebook: Licio Vale**
- **Linkedin: Licio de Araújo Vale**

Boa leitura!

FICHA INTERATIVA ●●●●●●●●●●●●●●●●●●●

Nome completo:
_____

Idade: _____

Queixa principal:

_____
_____
_____
_____

Onde dói?

_____
_____
_____
_____

Quando começou?

_____
_____
_____
_____

Qual a intensidade da sua dor?

_____
_____
_____
_____

A dor impede a realização de alguma tarefa?

_____
_____
_____
_____
_____

Existe alguma coisa que você faz e melhora a sua dor?

_____
_____
_____
_____
_____

Em que hora do dia a dor costuma piorar?

_____
_____
_____
_____

Você acredita que pode ter desenvolvido algumas feridas emocionais que merecem ser tratadas?

Sim ( )   Não ( )   Talvez ( )

VAMOS JUNTOS TENTAR ENTENDER O QUE CAUSOU ESSA FERIDA E COMO CURÁ-LA? ● ● ● ●

Escreva aqui as situações traumáticas que deixaram marcas em sua vida:

_____
_____
_____
_____
_____
_____

Agora, registre aqui os sentimentos que você experimentou ao relembrar desses momentos:

_____
_____
_____
_____
_____
_____

INTRODUÇÃO

No final de 2019, o mundo todo ficou alarmado com uma nova mutação do SARS-Cov2, um vírus da família dos coronavírus que, ao infectar humanos, causa a doença chamada de "Covid-19", com alto índice de transmissibilidade e alta taxa de mortalidade. Mais de 180 países foram atingidos e adotaram medidas de prevenção e redução de danos, na perspectiva de diminuir a curva de contágio, segundo a OMS.

A pandemia, muitas vezes comparada com a gripe espanhola de um século antes, levou a grande maioria das pessoas ao redor do mundo à sensação de perda da normalidade e rotina, além do sofrimento pelas perdas de entes queridos, já tão difíceis e complicadas para qualquer um.

No Brasil, enfrentamos inúmeras dificuldades durante a pandemia da Covid-19, principalmente em decorrência dos obstáculos na aquisição de vacinas e na implantação de políticas de prevenção e combate à doença. Mais de 665 mil brasileiros perderam a vida até o momento em que escrevemos este livro. Esses números são alarmantes quando pensamos nos familiares e amigos de cada pessoa que faleceu. Essas perdas, queiramos ou não, foram estigmatizadas e, em certo sentido, deslegitimadas, visto que uma parcela da população ainda hoje insiste em negar a doença, em não se prevenir e tratar as mortes como se fossem somente números.

O luto em tempos de pandemia, portanto, se apresenta com efeitos muito mais potencializados e dolorosos nesse processo. As medidas preventivas adotadas, como o distanciamento social e a quarentena, por exemplo, limitaram e tornaram quase proibitivos os velórios e os enterros de pessoas queridas, uma vez que os caixões precisavam permanecer fechados durante toda a cerimônia, para evitar qualquer contato físico. Isso transformou a despedida de parentes e amigos em mais um distanciamento, impossibilitando o último adeus, o último beijo, o final digno de uma relação amorosa.

Os ritos são importantíssimos, sobretudo os fúnebres. É necessário e fundamental que o fim seja posto, com os rituais próprios: velório, sepultamento ou cremação, presença de familiares e conhecidos que confortem os enlutados, a fim de que a visualização, a confirmação e o enterro desse corpo falecido sejam permitidos.

Tudo isso contribui para maior aceitação da perda e para o processo de luto. A aceitação da morte é mais fácil de ser elaborada quanto mais as cerimônias de despedida existirem, pois elas auxiliam no apoio e no conforto dos enlutados, colaborando para a elaboração do luto.

De acordo com a cartilha *E os que ficam?* (2021), o processo de luto no contexto da pandemia de Covid-19 tem algumas particularidades:

a) A imposição de limitações significativas na realização dos rituais de despedida devido aos protocolos de segurança, com a obrigatoriedade de caixões lacrados e a restrição do número de pessoas permitidas nos velórios.

b) A falta de momentos de despedida e a dor de não ter estado presente nos últimos momentos de vida do ente querido, por não serem permitidas visitas hospitalares.

c) A intensificação da culpa pela possibilidade de ter transmitido o vírus ao ente querido ou por tê-lo levado ao hospital, em caso de transmissão intra-hospitalar.

d) As múltiplas perdas possíveis nesse contexto: de outras pessoas por Covid-19, ou as decorrentes da pandemia, como emprego, renda, convivência social, dentre outras.

e) A deslegitimação social do luto decorrente do conflito de narrativas, imposto pela desinformação ou pela dissolução do reconhecimento da perda pessoal dentre os elevados números de fatalidades.

É necessário que entendamos que, no contexto da pandemia, vivermos o luto tornou-se mais difícil, mas isso não é culpa sua.

Não poder estar perto de quem você ama no momento final, não vivenciar o ritual de despedida (velório/enterro), de fato, é muito doloroso, mas não diminui o amor, o carinho pela pessoa que você ama e perdeu.

Assim, é importante fazer algum tipo de ritual: acender uma vela, uma oração em família, assim como a realização de rituais de forma remota, como ligações telefônicas, chamadas de vídeos, *lives*, que permitam a ressignificação da dor, pois possibilitam às pessoas exteriorizar seus sentimentos e emoções.

Acolher a dor do outro através da óptica do AMOR faz tudo se TRANSFORMAR.
ACREDITE!

Acolher o outro e sua dor com um abraço silencioso pode salvar o acolhido e o "acolheDOR".

O QUE É LUTO E COMO LIDAR COM A PERDA DE PESSOAS QUERIDAS?

A palavra "luto" tem origem no latim *luctus* e significa "aflição, dor, pesar".

A perda de pessoas que amamos é sempre um desafio interno repleto de dor, angústia e muitos questionamentos. Esse período de sofrimento é chamado de "luto", e não há receitas nem padrões preestabelecidos a serem considerados como referência, pois cada um de nós expressa à sua maneira a própria reação emocional quando perde alguém importante em sua vida.

Falar sobre morte, em geral, é muito delicado. A sociedade, com seu ritmo acelerado, parece ter deixado de lado o fato de que todos somos mortais e finitos. Não pensamos na morte, não sabemos nem fomos ensinados a lidar com a morte e o luto. Por isso, para algumas pessoas, lidar com sentimentos de luto pode ser realmente algo árduo, complicado e bem difícil de superar. É bastante comum relembrar momentos com a pessoa ou pensar em planos futuros que não acontecerão mais. Além disso, somos tomados por uma série de sentimentos, como arrependimento, saudade, culpa, provenientes de coisas que não foram ditas ou feitas.

Há uma tendência generalizada entre nós de considerar a morte como um fato aceitável e natural apenas na velhice. Muitas vezes esquecemos uma coisa importante:

a concepção social da morte é resultado de um processo histórico marcado por diferentes sistemas econômicos, sociais, e costumes que envolvem dimensões subjetivas e espirituais.

Outra grande dificuldade é falar com uma pessoa enlutada. Acolhimento e paciência são atitudes que devem estar presentes. Compreender que o luto é um processo e tem seu tempo para ser vivido é extremamente necessário para ajudar o enlutado a recompor-se e a retomar sua vida novamente.

O significado do luto, portanto, será diferente para cada pessoa. Muitos tentam assumir uma postura "durona", não abrindo espaços para sentir dor, medo, tristeza, amargura. Em outras palavras, não se permitem sofrer. Outros, ao contrário, permitem sentir-se frágeis e viver as emoções que muitas vezes vêm ao mesmo tempo (tristeza, raiva, angústia, desespero). Penso ser importante esclarecer que somente quando extravasamos as emoções conseguimos encontrar uma justificativa ao que aconteceu e começar a aceitar os fatos.

O luto é um conjunto de sentimentos que vêm após uma perda significativa. É importante que entendamos que o luto é um processo, uma adaptação à perda e se organiza quando a morte e a perda são conscientemente assumidas como algo real. É a partir daí que ocorre o enfrentamento e a consequente reorganização da vida de quem perdeu uma pessoa querida.

O luto é uma resposta inevitável que move o indivíduo a viver um processo de ajustes em todos os setores da vida. É um processo natural e necessário para a cicatrização e a elaboração do rompimento do vínculo, como também das feridas provocadas pela morte.

Sentimentos de raiva, culpa, impotência, desamparo, vazio, ansiedade, depressão fazem parte desse processo. Podemos também classificar o luto como toda adaptação a uma perda, independentemente do que se trata. Entende-se ainda que o luto acontece quando há algo ou fato que abala emocionalmente a pessoa, como, por exemplo, a demissão do emprego, o término de um relacionamento. Portanto, podemos definir o luto como algo não somente ligado à morte como também ao término ou à mudança brusca que gere um grande impacto emocional na pessoa.

É POSSÍVEL CLASSIFICAR O LUTO?

Como já vimos, o luto é um processo único e individual, portanto, não há como determinar tipos de luto. O luto pode ser vivido e interpretado em níveis que começam com a ideia de aceitação e da intensidade emocional com a qual o momento é vivido.

Assim, não são todas as pessoas que choram descontroladamente ou ficam desesperadas. Há aquelas que conseguem manter sua rotina normalmente, porém, isso não significa que elas não estejam sofrendo. São simplesmente modos diferentes de lidar com o luto.

Gostaria de falar agora de um tipo de luto que poucas pessoas conhecem ou se dão conta: o luto de pré-morte, ou seja, quando a pessoa passa por um processo irreversível e ela própria, os familiares e amigos queridos já começam a se preparar para aceitar a perda antes mesmo de acontecer. Um exemplo típico de luto pré-morte é o da agonia de Jesus no Horto das Oliveiras (Mc 14,32-42). No versículo 34, Marcos registra a frase de Jesus: "Minha alma está triste até a morte. Ficai aqui e vigiai".

ESTÁGIOS DO LUTO

A psiquiatra Elisabeth Kübler-Ross (2005) apresenta cinco fases para a elaboração do luto: negação, raiva, barganha, depressão e aceitação. Para ela, as fases do luto não significam o fim do sofrimento, mas um período em que a pessoa deixa de lutar contra a realidade da morte de uma pessoa amada e a vivenciar essas diversas fases, facilitando o enfrentamento.

Kübler-Ross afirma ainda que essas fases não são necessariamente sequenciais, mas se mesclam, dificultando a retomada do curso normal da vida de quem fica.

Quando falamos em elaboração do luto, estamos nos referindo à vivência da perda e às dificuldades de entrar em contato com o vazio que a perda causa.

Como o luto é uma experiência muito pessoal, não existe prazo determinado para sua superação. Alguns autores colocam o período entre quatro meses e dois anos – o que determina esse tempo é a intensidade do vínculo que existia com a pessoa que morreu.

Portanto, alguns estudos classificam o luto em etapas, que podem se manifestar com todas as suas características ou não:

Fase 1 – Negação: nesta primeira fase, o indivíduo nega a perda. Ele acha que é algum engano ou uma "pegadinha", acredita que a perda não é real. Ocorre a negação da realidade. A pessoa evita falar do assunto e chora muito.

Fase 2 – Raiva: nesta fase, há um grande sentimento de revolta, em que o enlutado sente raiva ou ódio, por considerar uma injustiça o acontecido, e busca desesperadamente um culpado pelo que ocorreu (não poucas vezes, culpa a si mesmo).

Fase 3 – Negociação: a pessoa busca uma solução para alterar o que aconteceu. Normalmente, negocia possíveis mudanças. No caso de término de relacionamentos, pode pensar também nas promessas de ser um melhor companheiro, tentando adiar o fim ou retomar a relação.

Fase 4 – Depressão: a dor, o cansaço, a melancolia, a tristeza se instalam e ficam mais fortes. O indivíduo se isola e sente-se totalmente impotente diante do fato da perda.

Fase 5 – Aceitação: última fase do luto, mas não necessariamente o fim do sofrimento, e sim uma melhor capacidade de elaborar e expressar a dor. A saudade continua, porém, a compreensão faz com que seja possível enxergar novamente a vida reconciliada com a perda.

As fases do luto não são um processo fácil e geram impactos diferentes em cada um. Por isso, a ação varia muito de pessoa para pessoa e de acordo com os aspectos em que a morte do ente querido ocorreu (foi inesperada, houve muito sofrimento antes do óbito); e relembrando que não é possível saber quanto tempo dura um luto.

Para alguns, o tempo de luto será marcado por isolamento social, baixa autoestima e pessimismo. Para outros, durante o luto pode ocorrer agressividade, hostilidade, desenvolvimento de processos autodestrutivos (autolesão, consumo abusivo de álcool e drogas), impulsividade. A busca do conforto e do consolo por esses meios pode ser muito prejudicial para a saúde física e dificultar a melhora emocional.

De qualquer maneira, a dor do luto precisa ser sentida e vivida. O luto só pode ser superado se for vivido.

A pessoa enlutada dá sinais do seu processo de luto e, por isso, é importante que estejamos atentos a eles, sobretudo com as crianças, que têm mais dificuldade de externar seu luto; portanto, não só elas, como todos podem desenvolver alguns sintomas.

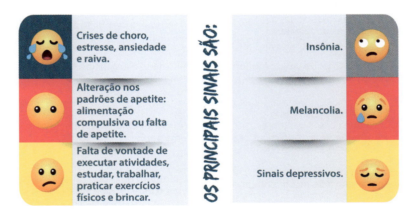

Durante muitos anos, o luto foi associado com doença mental devido à sua semelhança com os sintomas da depressão. Atualmente, ao diferenciar luto de um "episódio depressivo maior" (EDM), considera-se que no luto o sentimento é de vazio e perda, enquanto no EDM o sentimento é de humor deprimido persistente e incapacidade de antecipar visões positivas do futuro, incluindo a alegria e a felicidade (APA, 2014), conforme descrito no Quadro 1 (ZWIELEWSKI; SANT'ANA, 2016):

Quadro 1. Diferencial entre luto e episódio depressivo maior

LUTO	EDM
Vazio e perda.	Humor deprimido e incapacidade de antecipar visões positivas do futuro, incluindo alegria e felicidade.
A disforia pode diminuir ao longo dos dias e semanas, aparecendo em "ondas" associadas a lembranças do falecido.	Humor deprimido persistente e não relacionado a pensamentos ou lembranças específicas.
Dor do luto pode vir acompanhada de humor positivo.	Infelicidade e angústia generalizadas.
Autoestima preservada. Em alguns casos percebe-se a autodepreciação, porém, referente a falhas associadas ao falecido.	Sentimento de desvalia e aversão a si mesmo.
Pensamento de morte para poder se "unir" ao falecido.	Pensamento de morte para acabar com a própria vida, devido ao sentimento de desvalia.

O luto vivenciado por uma pessoa pode levar a um grande sofrimento, mas dificilmente provoca um EDM.

SE FOR PRECISO CHORAR E ATÉ GRITAR A DOR PELA MORTE DE ALGUÉM QUERIDO, FAÇA ISSO! PORÉM, NÃO SE DESESPERE.

Eu sei que há dias em que é quase insuportável permanecermos em nós mesmos. Depressa vem um pensamento carregado de lembrança e logo nos deparamos imersos em luto. Também sei que cada pessoa tem uma maneira de enfrentar o luto e achar uma válvula de escape como conforto. Entretanto, penso que vale uma dica: sempre que você pensar que irá viver de tristeza pela perda de alguém, que não pôde dar aquele adeus ou que a dor é imensa para dar continuidade às cores do mundo lá fora, lembre-se de eternizar momentos bons em que viveram juntos.

ESCREVA AQUI OS 10 MOMENTOS MAIS BONITOS QUE VOCÊS VIVERAM JUNTOS E QUE JAMAIS DEVEM SER ESQUECIDOS.

1. _____

2. _____

3. _____

4. _____

5. _____

6. _____

7. _____

8. _____

9. _____

10. _____

Como diz a canção "O sol", de Jota Quest: "Ei, dor. Eu não te escuto mais. Você não me leva a nada" [álbum *Seleção essencial*, Sony Music, 2013]. O processo de luto se faz necessário. Entretanto, não devemos ficar cultivando a dor e o sofrimento. Sempre que tiver vontade de chorar, faça isso. O choro é uma excelente maneira para manifestar sua dor da perda, assim como conversar, rever fotos e relembrar os momentos inesquecíveis que tiveram juntos também o são.

COMO LIDAR COM O LUTO?

A primeira coisa que precisa ficar clara é que o luto não é um transtorno nem uma doença, mas um processo de aceitação. Logo, todos nós, quando sofremos perdas de entes queridos, passamos por um período de luto.

A grande maioria consegue viver e superar o luto e retomar normalmente, de acordo com seu tempo, suas atividades, rotina e vida. Há, porém, pessoas que têm maior dificuldade em passar pelo processo e elaborar sua dor; aí é hora de não ter medo nem vergonha de procurar ajuda profissional. Buscar um psicólogo para que, no processo terapêutico, haja maior assimilação dos fatos e para que a dor emocional seja amenizada. Se for necessário, o psicólogo poderá indicar também um tratamento psiquiátrico, caso haja reações psicossomáticas no processo emocional, tais como quando a depressão, o estresse, a insônia tomarem o controle da situação e da vida da pessoa.

Ninguém precisa sofrer sozinho. Se a dor está insuportável e paralisando sua vida, não hesite em buscar ajuda.

Aponte a câmera do seu celular para o QR Code para assistir ao vídeo

Nesse aspecto, um profissional de saúde mental é de suma importância para ajudar e contribuir para que essa fase de enlutamento possa ser enfrentada com mais suporte. Outra coisa importante é que o profissional tenha conhecimento em Tanatologia, que é o estudo científico da morte.

É importante lidar com a dor da perda tendo consciência de que ela costuma mudar de intensidade com o tempo.

Inicialmente a dor da perda pode se expressar com sensações de aperto ou sufoco no coração (angústia e/ou ansiedade), uma vontade de chorar que aparece sem motivo aparente, uma tristeza profunda acompanhada de desânimo, entre outras manifestações.

Com o passar do tempo, falar sobre a pessoa que partiu ou sobre assuntos relacionados a ela passa a doer menos. A dor da perda pode se manifestar de diferentes maneiras, tanto dentro quanto fora de nós.

E muitas vezes fraquejamos diante de um futuro que parece sem sentido, sem a presença da pessoa querida. O processo de luto, como já vimos, é bem difícil e envolve questões emocionais, psicológicas e, em alguns casos, tem consequências físicas; também não existe fórmula nem receita pronta para lidar com o luto, porém algumas pequenas atitudes podem nos ajudar no processo de elaboração da perda. Vejamos algumas.

1. BUSQUE AJUDA

Um abraço carinhoso de um amigo e a conversa com alguém que nos ama de verdade acalmam nas horas difíceis. Nenhum de nós foi ensinado a ficar de luto, a viver o luto; por isso, não se sinta na obrigação de ser forte o tempo inteiro. Somos todos frágeis, e isso não é vergonha nenhuma. Se o luto está paralisando sua vida, é hora de buscar ajuda profissional.

2. NÃO IGNORE SEU LUTO

Uma das estratégias que usamos para fugir da dor é fingir que ela não existe. A morte provoca em nós uma transformação psíquica que só é experimentada com a perda de uma pessoa amada e querida. Por isso, viver o luto é essencial. Não finja que não é com você, não o esconda de si mesmo nem dos outros, tampouco evite falar quando tiver necessidade. Escolha pessoas em que confie para buscar amparo, desabafar e chorar toda vez que sentir vontade, e, principalmente, não tente ignorar ou passar por cima dessa fase da vida. Ela é necessária para você entender melhor a si mesmo e ao complexo sentimento de partida da pessoa que você perdeu.

3. NÃO SE ISOLE

Quando estamos muito fragilizados e sofridos pela perda de um ente querido, uma das tendências é nos afastarmos dos amigos, dos familiares, dos grupos e dos eventos sociais de modo geral. O isolamento, às vezes, é necessário, mas não é a saída mais adequada, pois em alguns casos a pessoa mergulha tão fundo que não consegue voltar à superfície, e isso evolui frequentemente para quadros de depressão.

Mesmo muito tristes, estar rodeados de pessoas queridas e amadas é um alento para nossa alma, pois até no silêncio elas nos emprestam carinho, apoio, proximidade.

4. DESAPEGAR NÃO É ESQUECER

Freud escreveu: "A sombra do objeto recai sobre o ego". Ele quis falar sobre a melancolia, em que o objeto perdido é internalizado e identificado com o ego, revertendo o amor antes sentido ao ódio da perda. Assim, a melancolia muitas vezes é um obstáculo no processo de ressignificação.

Não é nada fácil desapegar da rotina que vivíamos com a pessoa que partiu. Segundo Parkes (2009), o risco de se vincular a alguém traz insegurança, medo e desconforto ante a possibilidade de perdê-la. Uma vez estabelecido esse vínculo, alguns estudiosos afirmam que é muito difícil de ser rompido; dessa maneira, é pela natureza e intensidade do laço que resiste ao rompimento (Parkes, 2009). Toda situação de perda vivida pelo adulto, na verdade, é uma repetição de uma perda antiga, por meio da forma como, quando criança, viveu e elaborou as primeiras perdas da vida, tendo um valor significativo e de grande influência na maneira de como irá enfrentar perdas futuras.

Desapegar não é esquecer.
A pessoa amada
continuará sendo
amada e viva
dentro de nós.

Se a dor do luto estiver insuportável....
Não tenha vergonha de pedir e buscar ajuda.
Ninguém precisa sofrer sozinho!

Aponte a câmera
do seu celular para
o QR Code para
assistir ao vídeo

LUTO E ANGÚSTIA

Para Lacan (2005), a angústia é um afeto que não ilude. Há diferentes definições de angústia: uma quando se trata da reação ante uma perda iminente; outra relacionada à castração (à perda de um órgão); e outra ainda quando da perda de um amor ou por um erro real ou imaginário (angústia moral).

Besset (2007) mostra que a angústia é a presença que escapa a qualquer saber; porém, suas reações muitas vezes provocam somatizações que afetam o corpo do indivíduo que a possui. A dor psíquica é algo aniquilador. O corpo perde sua armadura, sua segurança, e desaba. O antídoto mais primitivo utilizado pelo ser humano é o grito; depois as palavras tentam formar uma ponte entre a realidade conhecida antes e após a perda.

É importante lembrar aqui que a culpa é uma variante da angústia. É uma reação à ameaça de que o ser amado retire seu amor. Caterina (2008) diz que é a consciência do castigo pela falta, seja real ou imaginária. Um trauma psíquico pode ser produzido em decorrência de uma perda brutal ou branda, quando acrescentada por uma série de pequenas perdas não sentidas pelo sujeito, que provocam imperceptíveis dores; estas, somatizadas, o levam a um estado de tensão em que um simples acontecimento inexpressivo basta para que essa dor ecloda de maneira consciente.

Esse sentimento precede a perda e pode também manifestar-se logo depois da perda de um ente querido. Portanto, apegar-se a algo é um risco inerente ao fato da possibilidade de perdê-lo a qualquer momento, ocorrendo a separação.

AMOR E LUTO

A perda de alguém amado pode levar a um nada imposto pela morte; e esse nada, ao mesmo tempo, pode abrir para a compreensão de novas possibilidades de sentido e a diferentes formas de pensar e agir, por meio de um processo de luto vivenciado em vários contextos, evidenciando uma poderosa experiência de sofrimento capaz de ressignificá-lo ou traduzi-lo em outras possibilidades mais simples de existência.

Então, o viver passa a ser uma trajetória marcada por um processo que evolui e que estabelece algumas condições de construção do ser humano, iniciado com o primeiro corte, a primeira grande separação, o corte do cordão umbilical, e a partir daí se inaugura o início da perda com todas suas explicações. A busca constante do ser humano por algo ou alguém que supostamente o manterá completo é um caminho que se estende por toda a vida; à vista disso, a perda é a repetição de várias outras perdas, remetendo muitas vezes ao sentimento de abandono, ao medo de perder algo ou alguém, sendo esse sentimento definido como angústia.

A falta pode ainda se transformar em uma presença assimilada por um processo de elaboração para não se perderem os vínculos e afetos com o objeto perdido. Nas palavras do grande poeta Carlos Drummond de Andrade (1989, p. 25):

Por muito tempo achei que a ausência é falta. E lastimava, ignorante, a falta. Hoje não a lastimo. Não há falta na ausência. A ausência é um estar em mim. E sinto-a branda, tão pegada, aconchegada nos meus braços, que rio e danço e invento exclamações alegres, porque a ausência, essa ausência assimilada, ninguém a rouba mais de mim.

Portanto, o ser que partiu, o ser faltante, sempre irá existir, ainda que justifique sua falta no outro, mas haverá sempre um lugar a ser preenchido, uma lacuna. É o que eu costumo chamar de "transformar a dor em uma doce lembrança" (presença).

Segundo Freud (1972), a criança aprende a amar outras pessoas que amenizam seu desamparo e satisfazem suas necessidades.

Zimerman (2010, p. 38), por sua vez, acredita que outro fator que se faz presente no transcurso desse caminho é um sentimento universal que chamamos de "amor", sendo usado por muitos para definir variados vínculos, trazendo na sua etimologia, algo muito interessante de origem latina, *mors-mortis,* que se relaciona com o grego *moros,* tendo entre outras significações, também expressa como morte, falecimento e óbito, que permite a compreensão do luto como um processo e não como um estado. Ela traz ainda essa nova visão para possíveis intervenções e reelaborações, fundamentadas no conhecimento do ser humano com todas as suas peculiaridades e desafios em torno da finitude da vida e de saber lidar com a falta.

Seja capaz de acolher a dor do outro sem julgá-lo.
Seja acolhedor!

A pessoa que desabafa com você precisa da sua ajuda e não do seu sermão.

A DIFERENÇA ENTRE PERDA E LUTO

Perda e sofrimento são experiências humanas poderosas que deixam adultos e crianças se sentindo perturbados, desamparados e, na grande maioria das vezes, muito tristes. Podemos usar o termo "perda" para falar sobre a perda de coisas ou até mesmo de pessoas que podem retornar – como os ritmos e as rotinas da vida antes da pandemia.

O luto, por outro lado, é algo permanente, como a morte de um ente querido, e com ele a pessoa entra em um processo difícil de, além de aceitar a perda da pessoa que se foi, admitir que ela não voltará mais.

OS DIVERSOS TIPOS DE LUTO

O luto é uma experiência muito dolorosa e, como já vimos, muito pessoal. Quando acontece a perda, cada pessoa procura uma resposta para seu sofrimento, no sentido de conseguir se ressignificar e reajustar-se à nova realidade, sem a pessoa que tanto amava.

Poderíamos, em resumo, afirmar que perdas e luto se traduzem assim:

- Uma experiência individual e única. O sofrimento varia de pessoa para pessoa: cada um sofre à sua maneira.
- Um processo universal que pode ocorrer em qualquer etapa da nossa vida.

- Aprender a viver, mas nunca esquecer. A dor da perda é equivalente ao amor que sentíamos pela pessoa que morreu.
- Sofrer e aceitar as diversas manifestações como parte integrante da perda.
- Ressignificar a perda transformando a dor em amor e a ausência em uma lembrança sempre presente.

A seguir, apresentamos uma lista com os diferentes tipos de luto que um indivíduo pode experimentar. Mas sempre é bom lembrar que o luto é um processo a ser vivido e superado. Qualquer tipo de luto que não siga o processo natural será conhecido como "luto patológico", já que acaba fazendo com que o enlutado desenvolva uma doença e paralise a própria vida.

LUTO NATURAL

A perda de um ente querido pode provocar a falta temporária de interesse pela vida e pelos afazeres do cotidiano. Esse processo é chamado de "luto natural", pois pertence à categoria em que o enlutado tenta aceitar aos poucos a morte, adaptando-se à nova realidade.

No início, é comum o indivíduo demonstrar constantemente sentimentos de aflição, sofrimento e tristeza profunda, mas, com o passar do tempo, ele consegue voltar a sua rotina e administrar essa dor, transformando-a em saudade. Ir ao trabalho, sair com os amigos e celebrar momentos com a família serão atividades realizadas com maior tranquilidade.

O grande problema é quando esse período de aceitação se prolonga, dando lugar a outra forma de luto, destacada no tópico a seguir.

LUTO COMPLICADO

Ao contrário do luto normal, no luto complicado as reações comuns diante da perda se intensificam e se tornam mais presentes. As tarefas diárias são deixadas de lado e a vida daquela pessoa se resume à ausência de quem já se foi. A experiência passa a ser caracterizada por uma sensação de melancolia constante, que pode perdurar por anos ou até mesmo para o resto da vida.

Nessas situações, é muito importante contar com o apoio de profissionais, como psicólogos, psiquiatras e grupos de apoio. Além disso, os familiares também devem ficar atentos a alguns sinais:

- dificuldade para aceitar a morte;
- foco extremo na perda;
- falta de ânimo para atividades rotineiras;
- isolamento social;
- transtornos psíquicos;
- problemas de saúde;
- alteração de humor;
- estresse excessivo.

Em casos mais graves, em que o indivíduo tem pensamentos suicidas e autodestrutivos, é indispensável a ajuda especializada.

LUTO ANTECIPATÓRIO

Segundo a Organização Pan-Americana de Saúde (OPAS), o câncer é a segunda principal causa de morte, sendo que 1 em cada 6 óbitos no mundo tem relação com a doença. O estudo ainda aponta que, em 2018, 9,6 milhões de pessoas no planeta perderam a vida por causa do câncer.

Em doenças sem prognóstico de cura – como o câncer em seus estágios finais –, o chamado "luto antecipatório" se inicia antes mesmo da perda do ente querido. Ao longo do tratamento, a família já entra em estágio de preparação para o luto e precisa lidar com sintomas como: ansiedade, medo, negação, tristeza, culpa, dentre outros.

Por isso, é importante contar com o apoio de especialistas que possam preparar emocionalmente a rede de apoio (amigos e familiares) para a perda. O paciente também deve ter acompanhamento, para que consiga aceitar da melhor forma essa condição e confortar seus familiares.

LUTO NÃO RECONHECIDO

A morte de um animal de estimação é um exemplo recorrente de luto não reconhecido pela sociedade. Não importa o contexto, a sociedade tem dificuldade para aceitar a dor do outro, e não age diferente ao subestimar a profunda ligação afetiva que pode existir em relação a um pet.

Nesses casos, a morte pode não ser legitimada e a pessoa se vê totalmente sozinha e desamparada diante do luto. A falta de empatia e até mesmo o desconhecimento das pessoas podem afetar profundamente o estado emocional do indivíduo enlutado. Sem espaço para assimilar essas perdas, o processo de superação se torna ainda mais difícil.

Saiba como viver o luto, para superar a dor.

LUTO AUSENTE

O luto ausente ocorre quando a pessoa se mostra indiferente em relação à morte, bloqueando seus sentimentos e não permitindo senti-los. Por vezes, de maneira inconsciente, ela se nega a aceitar a realidade, sem experienciar as reações naturais de sofrimento e tristeza.

A situação se agrava quando o indivíduo não aguenta mais adiar esse comportamento e começa a ter sintomas muito comuns durante um processo de luto, como irritabilidade, ansiedade, transtornos psíquicos e até mesmo dores físicas. É nesse momento que se dá início ao chamado "luto atrasado".

LUTO ATRASADO

O chamado "luto atrasado" é visto como uma consequência do luto ausente e acontece quando o enlutado não vivencia a dor da perda logo após a morte do ente querido. Isso tende a ocorrer quando o indivíduo passa por outras situações delicadas no mesmo momento (demissão, problemas de saúde, dificuldades financeiras etc.) e que acabam ocultando o processo de luto.

No entanto, adiar essa etapa de profunda tristeza pode trazer sérias consequências no futuro. Suportar o sofrimento sem a presença de amigos e familiares dificulta a aceitação e aumenta as chances de o enlutado apresentar problemas psíquicos, como ansiedade, depressão e insônia.

LUTO TRAUMÁTICO

Associado a acidentes, homicídios e suicídios, o luto traumático ocorre inesperadamente e, em sua grande maioria, vem acompanhado de extrema violência. O sentimento de culpa e de responsabilidade pelo ocorrido pode tornar a despedida mais difícil e desencadear até mesmo o Transtorno de Estresse Pós-Traumático (TEPT).

LUTO GESTACIONAL E NEONATAL

A morte por si só já é difícil de ser compreendida socialmente e se torna ainda mais complexa em casos de luto gestacional e neonatal. Esses dois tipos de perda são as mais delicadas e, ao mesmo tempo, as mais incompreendidas pelos mais próximos.

O luto em decorrência de um aborto espontâneo ou não, ou da vida interrompida de um recém-nascido, é tão significativo quanto a morte de um adulto, pois o vínculo afetivo nasce desde a descoberta da gravidez e é alimentado por sonhos, expectativas, projeções pessoais e novas sensações.

A solidão e a falta de acolhimento estão muito presentes na vida dos pais que passam por uma experiência como essa, o que acaba dificultando a elaboração do luto. Comentários como "quando você for mãe" ou "pelo menos você já tem outro filho" são bem comuns e podem trazer danos emocionais irreversíveis para a saúde dos pais. A dica é: recebê-los com carinho e explicar o quanto sentimentos como tristeza, frustração e sofrimento são normais nesse momento.

Conselhos para quem já passou por uma perda gestacional ou neonatal:

- permita-se chorar;
- não deixe que invalidem seus sentimentos;
- não dê muitos detalhes sobre o ocorrido;
- participe de grupos de apoio ao luto;
- procure ajuda de psicoterapia;
- independentemente do tempo em que viveu (dentro ou fora do ventre), o bebê deve ser respeitado.

LUTO COLETIVO

Vidas abruptamente interrompidas por desastres, guerras, catástrofes e até mesmo por pandemias – como a que vivemos com a Covid-19 –, impactam toda a sociedade e criam um ambiente propício ao luto coletivo.

Os números de mortes divulgados diariamente fazem com que as pessoas se sintam fragilizadas, e sentimentos como ansiedade, frustração, desamparo e revolta começam a fazer parte do dia a dia. Esse luto coletivo também se apresenta pela dificuldade em se adaptar ao novo contexto (falta de leitos em hospitais, desemprego, fome, dificuldade financeira etc.). Ou seja, além das vidas perdidas, também há uma série de outros tipos de perdas vivenciadas por indivíduos do mundo inteiro, que devem ser devidamente reconhecidas e legitimadas.

LUTO POR SUICÍDIO E PÓSVENÇÃO

Como já vimos, os enlutados que perderam alguém por causas naturais tendem a assumir um sentimento de responsabilidade pela morte do ente querido. No luto por suicídio, isso é potencializado, pois não existe um porquê para aquela morte. O porquê morre com pessoa.

Os enlutados por suicídio, tomados por sentimentos de raiva e culpa exacerbada, podem desenvolver condutas autodestrutivas como forma de punição. Podem também projetar os sentimentos nos outros, em uma tentativa de encontrar um significado que dê sentido àquela perda. São muitos porquês cujas respostas, quando existem, não parecem fazer sentido algum. Por esse processo ser tão doloroso, é comum nomearmos de "sobrevivente" quem perdeu alguém por suicídio.

Um sobrevivente de um desmoronamento, por exemplo, precisa reconstruir sua casa novamente, comprar móveis, refazer planos que incluem, muitas vezes, até para onde ir. Assim é também um sobrevivente do suicídio: precisa reconstruir sua vida em cima de dúvidas que a pessoa que se matou deixou, rever planos que muitas vezes a incluíam, refazer-se por dentro.

O sofrimento e o estigma, associados à perda por suicídio, podem perdurar por muitos e muitos anos; em alguns casos, até mesmo pelo resto da vida, o que pode ocorrer com qualquer pessoa da família.

Diante da especificidade do processo de luto por suicídio, acreditamos que é necessária uma ação de pósvenção.

Pósvenção são ações, intervenções, atividades de suporte e assistência para os impactados por um suicídio completo, ou seja, os sobreviventes.

O primeiro grupo de apoio e luto por suicídio foi fundado em 1973, pelo Dr. Edwin S. Shneidman, que descreveu o conceito de pósvenção ao suicídio como a "prevenção para as futuras gerações".

Segundo Beautrais (2004) e Scavancini (2011), os objetivos da pósvenção são:

a) trazer alívio aos efeitos relacionados com o sofrimento e a perda;

b) prevenir o aparecimento de reações adversas e complicações do luto;

c) minimizar o risco de comportamento suicida nos enlutados por suicídio;

d) promover resistências e enfrentamentos em sobreviventes.

Aqui, cabe lembrar mais uma vez que o processo de luto constitui uma experiência subjetiva. Logo, as ações de pósvenção também precisam levar em conta a dimensão singular de cada enlutado.

Sobre essa questão, Scavancini defende a importância de as propostas de pósvenção estarem embasadas em estudos e nas necessidades expressas pelos próprios enlutados por suicídio, ao considerar que essa não se trata de uma população homogênea, mas sim bastante complexa e heterogênea.

Isso significa, em outras palavras, que pessoas diferentes irão manifestar necessidades diferentes durante todo o processo de elaboração do seu sofrimento e luto, requerendo um tipo de assistência coerente com suas próprias necessidades, ou seja, com seu modo singular de vivenciar o processo de luto.

Nossa vida é cheia de perdas e lutos,
de altos e baixos.

Talvez, neste momento, você esteja
atravessando pela situação difícil
de lidar com a dor da morte.

Entretanto, saiba que em Jesus
está a promessa do fim de toda dor.
Ele recolherá nossas lágrimas e, um dia,
cada uma delas transformará a dor em amor
e o sofrimento em doces lembranças.

Escreva aqui sua oração para que Deus conceda paz à alma da pessoa que você ama e para que diminua a dor e a saudade que pesa e custa a você carregar.

_____

_____

_____

_____

_____

_____

_____

_____

_____

_____

_____

_____

_____

Oremos: Pai santo, Deus eterno e todo-poderoso, nós vos pedimos por *(diga o nome do falecido)*, que chamastes deste mundo. Dai-lhe a felicidade, a luz e a paz. Que ele, tendo passado pela morte, participe do convívio de vossos santos na luz eterna, como prometestes a Abraão e a sua descendência. Que sua alma nada sofra, e vos digneis ressuscitá-lo com os vossos santos no dia da ressurreição e da recompensa. Perdoai-lhe os pecados para que alcance junto a vós a vida imortal no reino eterno. Por Jesus Cristo, vosso filho, na unidade do Espírito Santo. Amém!

COMO FALAR DE MORTE PARA CRIANÇAS ● ● ● ●

As perdas e mortes fazem parte do desenvolvimento humano desde o nascimento até o fim da vida. A criança pequena pode viver experiências de morte, mas, se tem menos de 5 anos, ainda não sabe que da morte ninguém volta. Crianças mais velhas já compreendem que a morte é irreversível e universal, principalmente se já viveram experiências pessoais. Por isso, é importantíssimo carinho, aconchego e acolhimento dos sentimentos. Os adultos (pais, avós, professores) são referência e modelo para a criança, um porto seguro. Essas primeiras experiências deixam marcas profundas dentro de nós.

Dizer, por exemplo, "Virou uma estrelinha" não protege a criança como imaginamos e desejamos, ao contrário, isso a deixa confusa. A melhor maneira de fazer isso é responder às perguntas e dúvidas com sinceridade. Não tenha medo de usar a palavra "morte" para explicar que o animalzinho de estimação ou alguém querido morreu. Ser verdadeiro, direto e honesto é a melhor solução.

As perguntas mais comuns são:

● "Ele não vai voltar mais?
Nos jogos e *games*, as vidas acabam e se regeneram muito rapidamente. Por isso, é importante explicar que a morte, na realidade, é irreversível, que a pessoa não voltará mais, mas que ela permanece viva na nossa memória.

Quando a criança pergunta onde a pessoa está, podemos dizer que ela foi para onde vão as pessoas que morrem, que foram para junto de "papai do céu" e que nos encontraremos depois da morte.

- "Eu também vou morrer?"

É fundamental e importante explicar para a criança que todo mundo que está vivo um dia vai morrer. Mas não agora; para isso, é preciso sofrer um acidente, ficar doente ou bem velhinho. "É uma sensação angustiante na vida da pessoa descobrir a própria mortalidade, mas é parte do amadurecimento", afirma a psicóloga Maria Helena Pereira Franco (2020), professora titular da PUC-SP e diretora científica da Academia Nacional de Cuidados Paliativos (ANCP).

- "Por que ele morreu?"

As crianças costumam ter o que chamamos de "pensamentos mágicos" e podem achar que a morte é culpa delas. Por isso, é fundamental explicar a causa da morte, que pode ser por doença, violência, acidente etc. A morte não vem do nada. Se quem morreu já estava doente, o melhor a fazer é ir preparando a criança para o que pode acontecer, e ela não será pega de surpresa.

- "Posso ir ao enterro?"

Muitas pessoas, com o desejo de proteger a criança do sofrimento, não permitem que ela participe dos rituais de despedida. Incluí-la nesses rituais é determinante na compreensão que ela terá da morte. Como parte da família, deve participar tanto do velório quanto do enterro ou cremação. À sua maneira, ela tem o direito de se despedir da pessoa que partiu. Diz a psicóloga Dra. Maria Júlia Kovács (1992): "Incentive rituais como plantar uma árvore, fazer um desenho, uma oração; tudo para lembrar a pessoa. A ideia é não esquecer, é ter na memória".

Resumindo:

- Fale a verdade, conte o que aconteceu e permita que a criança se expresse e faça perguntas.
- Deixe que ela participe do enterro e do luto em família.
- Ajude-a a manter quem morreu em suas lembranças.
- Não engane nem julgue.
- Abra espaços para ela expressar os próprios sentimentos.

Como diz o Dr. Alan D. Wolfelt (2016), educador e estudioso das questões do luto, "o luto é um processo, não um evento. As crianças, assim como os adultos, vão passar ou estar nesse processo por um longo tempo".

A criança enlutada precisa de carinho, ternura, compaixão e da presença de um adulto próximo, não somente nos dias ou semanas após a morte de alguém querido como também nos meses e anos seguintes. Conforme crescem e amadurecem, as crianças vão naturalmente processando o luto em novos e mais profundos níveis.

A criança que passa pelo processo do luto cercada de amor, apoio, suporte familiar tende a superar e a viver melhor o luto e se tornar um adulto mais saudável mentalmente.

Quer saber como acolher os alunos no retorno às aulas presenciais?

Aponte a câmera do seu celular para o QR Code para assistir ao vídeo

CRIANÇAS VIVEM PROCESSOS DE LUTO COMO OS ADULTOS ● ● ● ● ● ● ● ● ● ● ● ● ● ● ● ● ●

Como já vimos, o luto é definido como um processo de elaboração de perdas vividas e faz parte da existência humana desde o seu início. A mãe é a principal figura de apego do bebê, e a criança a procura quando está com fome, com sono, com medo, com dor ou quando se sente insegura. Existem relações entre a mãe e o bebê em que há confiança e carinho, e a criança explora o ambiente tendo a mãe como base segura. Há relações, contudo, em que a mãe tem dificuldades de atender às necessidades do seu bebê, sem contato carinhoso e sem expressar emoções. Os bebês choram, ficam irritados nessa condição. Essas experiências, então, se tornarão presentes quando ocorrerem as primeiras perdas durante seu desenvolvimento.

Para falar melhor sobre a questão do luto infantil, trago um texto da Dra. Maria Júlia Kovács (2016), que é professora livre-docente sênior do Instituto de Psicologia da Universidade de São Paulo (USP). Ela afirma:

> Crianças vivem processos de luto como os adultos, necessitam de acolhimento e cuidado. Podem apresentar distúrbios de alimentação, sono e alterações de comportamentos na escola. É um erro considerar que crianças não percebem quando ocorrem mortes e que por isso se deve agir como se nada tivesse acontecido. Outra falsa crença é a de que as crianças superam facilmente as perdas,

distraindo-se com brincadeiras. Assim, a criança aprende que deve ocultar seus sentimentos. Falar, explicar, esclarecer não retira a dor, mas permite que a criança possa recorrer àquelas pessoas com as quais se sente mais segura. Crianças podem participar de velórios e enterros como membro integrante da família.

O que dizer quando a criança pergunta se vai morrer, o que dizer quando está doente e observa que companheiros de quarto ou enfermaria desaparecem e não voltam? É importante clareza e sensibilidade para perceber as necessidades de acolhimento e cuidados e o que a criança está pedindo nesse momento.

O corpo mostra sinais, e as mudanças no comportamento trazem indícios do que está ocorrendo. A criança, preocupada com o que percebe, busca nas pessoas à sua volta a confirmação de suas impressões. Fingir que está tudo bem, fazendo com que as palavras comuniquem uma coisa e o corpo expresse outra, pode instalar um sentimento de incerteza, dúvida e isolamento. Tampouco o silêncio permite que se compartilhem os sentimentos, as dúvidas e as questões de quando a morte se aproxima. Essa situação é conhecida como conspiração do silêncio.

Trata-se de "teatro de má qualidade", no qual o conteúdo expresso em palavras não é consistente com o que o corpo e os olhos manifestam, já que esses são mais dificilmente controlados.

Crianças à morte querem ser asseguradas de que não serão esquecidas, que permaneçam na lembrança de quem amam, principalmente quando não estiverem entre elas. Mais do que a morte, existe o medo da separação e do abandono; nessas situações buscam a presença constante da mãe ou de pessoas familiares. Crianças enfermas necessitam de explicações claras sobre o que está sendo feito no hospital, já que a internação é uma situação difícil com afastamento da família e de amigos.

Quando pensamos em cuidado, devemos considerar a comunicação, escutar as necessidades da criança enlutada de forma atenta, facilitar a expressão de sentimentos sem censura e julgamentos prévios, incluindo os irmãos saudáveis na comunicação, nos cuidados com as crianças doentes. Elas precisam ser ouvidas nos seus medos, possibilidades de identificação, culpa, sentimentos ambivalentes em relação ao irmão enfermo, entre os desejos de recuperação e de morte, já que frequentemente o irmão enfermo rouba a atenção dos pais (KOVÁCS, 2016).

PAUSA PARA REFLEXÃO

A tristeza se carrega em silêncio... Nada nem ninguém nos prepara para ver como "se apaga a vela" da pessoa que você mais ama em toda sua vida. Aquela que lhe deu a vida. Ver como seus olhinhos vão perdendo o brilho e como seu olhar vagueia pelos cantos de seu inconsciente, alheia a tudo que a cerca... Não há palavras para descrevê-lo.

Que tristeza ter de cuidar de um ente querido na dolorosa situação de saúde mental (demência senil, Alzheimer, insuficiência mental etc.). Que pena ter de ouvir de quem fez tudo pela família um dia perguntar: "Quem é você?", ou repetir a mesma coisa o dia todo! Não por esquecimento voluntário, mas por deterioração mental, que aos poucos vai fazendo com que perca as faculdades, até que esteja prostrado.

Os problemas de saúde mental são devastadores e paralisam a pessoa e os familiares ao redor. Além da demência, há depressão, transtorno de estresse pós-traumático, diferentes psicoses, transtorno bipolar etc. Condições que ninguém escolhe, simplesmente as tem e sofre; e não só a pessoa sofre, como também a família. Vamos buscar ajuda!

As condições de saúde mental não são uma questão de "fraqueza", mas sim problemas que qualquer pessoa pode sofrer. É preciso encontrar ou abordar a cura e a prevenção. É vital prevenir essas doenças e bloquear seu caminho.

Lembre-se de que muitos de nós ficarão velhos e ninguém sabe o que cabe a cada um.

Muita saúde para todos!

VOCÊ SABE A DIFERENÇA ENTRE TRISTEZA E DEPRESSÃO?

TRISTEZA

- A tristeza sempre tem motivo. A pessoa sabe por que está triste.
- A pessoa triste pode ter sintomas físicos: aperto no peito, taquicardia, choro.
- Quem está triste costuma ter pensamentos repetitivos sobre a razão da tristeza.

DEPRESSÃO

- A depressão é uma tristeza profunda e sem conteúdo. Mesmo se algo maravilhoso acontecer, como ganhar na loteria ou passar no vestibular, a pessoa continuará triste.
- A profundidade da tristeza também é importante. Pensamentos suicidas podem indicar depressão.
- Quando deprimida, a pessoa sente, pelo menos, duas semanas de uma tristeza profunda e contínua.

LUTO E DEPRESSÃO

Como já mencionado anteriormente, cada pessoa lida de forma diferente com seus sentimentos e tem seu jeito de reagir ao luto. Uns tentam enganar, driblar e fingir que o luto não está acontecendo, para demonstrar como são "fortes". Entretanto, fingir que não está acontecendo nada não é o mais adequado; é melhor aprendermos com a dor da perda, buscarmos nossas estratégias de superação e considerarmos que a maioria de nós passa pelo luto sem necessidade de apoio de especialistas.

Há, sim, quem, aparentemente, não seja afetado pelo impacto do luto, são pessoas que não choram no velório ou funeral, mostram-se fortes, resilientes, com retorno à vida cotidiana em pouco tempo. Dentre esses, porém, há outro grupo que, depois de um tempo, passa a apresentar sintomas emocionais e físicos que podem evoluir para a depressão. Ou seja, a depressão pode potencializar e transformar o processo de luto em doença.

Tanto a pessoa enlutada, que perdeu uma pessoa próxima, quanto seus familiares, amigos e profissionais da saúde devem estar atentos para os sinais, pois o luto pode se desenvolver para uma depressão e/ou para um transtorno que precisa de tratamento especializado.

O PROCESSO DO LUTO DIANTE DA
PANDEMIA DA COVID-19 • • • • • • • • • • • • • •

Desde dezembro de 2019, presenciamos a proliferação do novo coronavírus, que infectou milhões de pessoas ao redor do mundo e é o causador da Covid-19, cujos sintomas variam de leves, como os de um resfriado, incluindo febre, dificuldades respiratórias, dores no corpo, cansaço, coriza e eventualmente diarreia, até formas mais graves, como a síndrome aguda respiratória severa (SARS).

Ainda que nos pautemos nos números de casos e mortes para dimensionar a magnitude do problema, é preciso não perder de vista que tais índices não são capazes de mensurar as perdas que acompanham esse cenário sombrio. Isso porque momentos assim fazem aflorar sentimentos de perdas significativas, das mais diversas ordens: perdemos em termos afetivos, seja pela morte real do outro ou por não termos tido tempo de nos despedir do ente querido no leito de morte, seja pela ausência imposta pelo distanciamento, ao sermos privados do contato físico com a pessoa amada; perdemos na dinâmica social, no que tange à liberdade de ir e vir, de frequentar os espaços urbanos e de relacionar neles; perdemos economicamente pela falta de investimentos financeiros e pelo desemprego; perdemos em termos existenciais – a saúde, a segurança –, o que provoca problemas psicológicos, como medo, angústia e sensação de desamparo. São tantas perdas que vão desde os aspectos mais básicos e gerais da vida aos mais complexos.

Quer saber mais sobre a angústia entre as famílias e pacientes infectados por coronavírus?

Ressignificar nossa história
de vida é o maior ato de amor
que podemos nos ofertar.
Perdoe-se e nunca desista.

IMPACTO NA IGREJA

A pandemia da Covid-19 teve grande impacto também na rotina das celebrações da Igreja Católica no mundo todo. Pela primeira vez na história da Igreja, a presença de fiéis foi suspensa nas missas e em muitas igrejas as celebrações foram transmitidas virtualmente, via *lives*, *streaming*, televisão e rádio. Também pela primeira vez na história, o Vaticano anunciou que as celebrações da Semana Santa em Roma seriam canceladas. A Diocese de Roma fechou suas igrejas e capelas, a Praça de São Pedro ficou vazia de fiéis, assim como várias outras dioceses mundo afora, inclusive no Brasil. No caso brasileiro, as igrejas permaneceram fechadas, inclusive impedindo a celebração com fiéis na Semana Santa (em 2020 e 2021), o que lhes causou sofrimento, por não poderem celebrar presencialmente a Páscoa do Senhor.

No contexto específico de grandes pandemias, como essa causada pelo coronavírus, além do sentimento excessivo de perdas significativas que se acumulam, por não encontrarmos tempo nem espaço apropriado para elaborá-las, nos deparamos com o inevitável da morte, que apesar de ser parte integrante da vida, sempre nos causa embaraço. Nesse sentido, costumo dizer que ficamos todos comprometidos emocionalmente e em luto.

"Podemos dizer que há sérias perturbações nos processos de luto, e isso pode dificultar a elaboração das perdas. Há uma previsão de que muitas pessoas tenham seu sofrimento intensificado e dificuldade de se adaptar à nova realidade sem a pessoa querida", afirma a Dra. Maria Julia Kovács (1992). De acordo com ela, a perda está no nível da consciência e, por isso, traz tanto sofrimento.

Segundo a especialista, durante a pandemia, o risco de o luto ser mais complicado aumentou. Alguns estudos mostram que, em situações normais, os enlutados têm de 4 a 10% de chances de evoluir para um luto complicado. Em uma situação de pandemia, isso pode chegar a 70%.

Como, com a Covid-19, a perda foi rápida, inesperada e, alguns casos, de várias pessoas queridas, na maioria dos casos não houve tempo para o cérebro elaborar isso. É uma pancada, um grande estresse, e a pessoa se sente em choque.

IMPORTÂNCIA DOS RITOS

No Brasil, um país com dimensões continentais e tantas crenças, cada religião dita rituais diferentes para o processo do velório. Todas elas, sem exceção, tiveram de se adaptar ao contexto da Covid-19 e aprender a lidar com a morte de maneira diferente. Os ritos funerários existem em todas as culturas e são maneiras que nós, humanos, encontramos para enfrentar a finitude do corpo. Os rituais vão ser diferentes de uma cultura para outra, porque as maneiras de expressar os costumes, a história são muito distintas. De maneira geral, pode-se dizer que um funeral tem três objetivos: fazer o vivo entender a perda e dar descanso ao morto, ajudar a expressar os sentimentos e mostrar que, através de um ritual, a sociedade vence aquilo que é invencível – a morte – e criar maneiras de entender que aquela pessoa não desapareceu, mas está em outro lugar.

No meu primeiro livro, *E foram deixados para trás: uma reflexão sobre o fenômeno do suicídio* (2017), estudei e entrevistei representantes das principais religiões presentes no Brasil, buscando entender como os ritos fúnebres eram vivenciados pelas famílias de acordo com sua crença.

No catolicismo, religião de cerca de 50% dos brasileiros, de acordo com uma pesquisa do *Datafolha* divulgada no início de 2020, os velórios são marcados pela presença de velas, terços, rezas e histórias sobre o ente falecido, um sacerdote ou ministro realiza uma oração de encomendação e há a realização de missas de 7º dia, de um mês e de um ano, que têm o objetivo de interceder junto a Deus pela salvação da alma (vida) do falecido; ainda, em alguns lugares se mantém o hábito de visitar os túmulos no dia de Finados. Assim, homenageia-se o morto e dá-se aos vivos a oportunidade de tomar consciência de que aquela morte aconteceu e também da certeza da ressurreição e da vida eterna. No entanto, para outros cristãos é um processo distinto. Para os protestantes e evangélicos, por exemplo, as orações são feitas para os vivos a fim de aceitarem a perda – e não aos mortos –, e velas não costumam ser acesas.

Já para os espíritas, que acreditam na reencarnação, o morto sempre vai estar no entorno dos vivos. Em geral, nas suas cerimônias, é trabalhada a serenidade, a paz e o desapego, para que a pessoa falecida possa encontrar o caminho da luz e renascer. Os ritos visam dar ao morto a condição de não se apegar ao mundo dos vivos e aceitar seu novo lugar. Isso se expressa na contenção dos sentimentos. Por isso, vemos um sofrimento entre os vivos que, apesar de existir, é mais contido.

Se no universo urbano o ritual funerário é curto – dura, em média, 24 horas entre morte, velório e procissão de enterro –, para os indígenas o rito é totalmente diferente. Entre os Bororo, de São Gabriel da Cachoeira, no Amazonas, por exemplo, o velório pode durar três meses e se divide em várias partes. Antes mesmo de a pessoa estar fisicamente morta, os familiares já pintam o rosto, o cabelo e o corpo do moribundo, em preparação à nova condição dele. Após a morte, o corpo é enterrado em cova rasa e um bom tempo depois, quando os ossos estão limpos, eles são lavados em um rio e jogados em uma baía. Só assim, conforme a cultura, o morto está definitivamente enterrado. O "segundo

O luto é uma das experiências mais dolorosas e intensas que qualquer ser humano pode vivenciar e testemunhar. No entanto, quando não couber mais no coração e a lembrança escorrer pelos seus olhos, o tempo se encarregará de transformar essa dor em saudade e, assim, perpetuará a memória de quem se foi. *O amor nunca morrerá.*

O ADEUS

> "E, no meio dessa confusão,
> alguém partiu sem se despedir."
> (Rubem Braga)

Antes mesmo da mudança dos ritos funerários com a pandemia, Elaine Alves alerta que o Brasil já caminhava para uma espécie de "velório rápido", na tentativa de diminuir o tempo de sofrimento. Contudo, ela destaca que a dor não desaparece porque não se fala mais sobre a pessoa. Ela defende o máximo de tempo possível para o velório. "A orientação é usar o máximo de tempo. No Brasil, a recomendação é o período máximo de 24 horas se o corpo permitir" (CÂMARA; GEBRIM; ALVES, 2020). Devido ao novo cenário, Elaine sugere adaptações nos ritos, como o uso de fotografias, quando os corpos não podem ficar expostos, e realização constante de videoconferências entre familiares e a pessoa enlutada. "Mas nessas videoconferências deve-se falar abertamente sobre o morto. A pessoa que morreu não precisa sair da nossa vida."

Ela continuará viva dentro de nós e esse é o recomeço. O recomeço é esse lugar que pede ternura e nosso coração cheio de recordações, não mais tão doloridas, mas inundadas da presença da pessoa que partiu.

Gostaria de concluir este capítulo compartilhando parte da vivência do atendimento psicoterápico a enlutados, publicada pela Dra. Teresa Vera de Souza Gouvêa no livro *Vida, morte e luto: atualidades brasileiras* (2018, p. 189-192):

Recebo você certa de não saber a dimensão de suas dores. Aprendi que a vida é esse lugar onde cultivamos flores das mesmas espécies, mas que brotam de maneiras diferentes, únicas e ímpares nos quintais da alma. Você chega com medo, mas sinalizando uma coragem que talvez ninguém perceba ou compreenda. Você se atreve a conversar com a sua dor.

Senta-se, chora, se desespera, me fala de vazios que doem, espaços que sobram no quarto, cadeira esquecida, poltrona chorosa, xícaras e talheres repousam esperando mãos. Conta da vida esquecida pela casa em sapatos, roupas, perfumes, nessas miudezas que nos dizem quem somos.

Você fala de medos, seu coração parece mudar de lugar, a cabeça flutua fora do corpo, perdeu paladar, brigou com o sono. Sente medo, ouve vozes e passos, espera chegadas que não acontecem, confunde-se sobre as despedidas, momentos em que não sabe mais o que é real. Sente medo da desorganização que os desencontros trazem.

Dentro do seu pesadelo, abro espaço para sua dor, como se entregasse folhas onde você pudesse escrever suas histórias de hoje e de ontem; abro espaço para o amanhã que não aconteceu, ajudo você a mudar seus sonhos, dou legendas para o que você não nomeia, vagarosas, sem pressa – permissões para encontrar o tempo da sua própria dor.

Você me diz que o mundo lá fora tem pressa, pede que você acelere e acalme sua saudade. Eu lhe conto que o mundo lá fora, às vezes, tem ruas estreitas para a dor. Caminhamos descobrindo que o tempo é um senhor que não usa as mesmas roupas em todas as despedidas, caminhamos acreditando que essa perda é sua e somente você sabe das coisas das quais se despediu.

Caminhamos assim, vagarosamente, como se fôssemos donas dos relógios do mundo. Passearemos por ruas onde residem memórias da sua saudade, vasculharemos quartos e prateleiras da sua vida. Não, você não será mais a mesma, mas após tantos mergulhos descobrirá lugares para sua saudade. Levantar-se-á, esticará os lençóis da cama, fará um café, sentar-se-á na varanda e, sorrindo, lembrará um amor que partiu. Despertará arrumando outro jeito de amar. Negar esse amor e essa história seria a morte.

Só podemos definir o tamanho dos vazios diante da ausência de quem amamos em nossa vida. Nosso coração tem endereço único, nossos caminhos são feitos a partir de nossos pés. Não podemos dar receitas para amores e histórias que não são nossas.

Precisamos de espaços para a tristeza, para os dias que viram noites, a comida que não desce, o coração que acelera, o sono que não chega. Precisamos tratar bem a dor para que ela abra espaço para a saudade. E quanto vale uma saudade? Uma saudade vale o preço do amor. A gente pisca os olhos e começa a correr em quintais que não existem mais, estranhando como o mundo era grande, apesar de pequeno, precisando de pouca gente para ser povoado. Deita-se no berço, chora, faz hora com o relógio, busca a criança que ficou lá, brinca no quintal tendo como destino o banho, a comida na mesa, o cobertor colorido no berço, o primeiro dia da escola, o susto de ver como as ruas eram insuficientes para tantas descobertas.

Uma saudade pode valer os abraços no medo do escuro, o sopro que curava o machucado, o bolo de aniversário, as histórias contadas antes de dormir. Pode valer o primeiro futebol, a primeira briga de rua, a bolinha de gude, a pipa construída por quatro mãos e o vento que favorecia os olhos voltados para o colorido céu. Pode vir fantasiada de primeiras juras de amor, planos futuros, beijos, tinta na parede, escolha de móveis, pequenas e grandes viagens, abraços na dor, brigas, lágrimas e novos abraços, sorrisos e a vida repleta de encantamentos.

Uma saudade pode vir na barriga crescendo, em sapatinhos, fraldas, mamadeiras e num amor que ultrapassa as nuvens. Nossas mãos passearão pelo banho, cabelos penteados, tarefas escolares, chamadas na escola, acampamentos no colchão, filmes e pipoca.

Uma saudade terá cheiro, nome e rosto, será tocada nas viagens da alma pelas ruas da memória. Amanhecerá de olhos inchados, pedindo mais, anoitecerá de mãos cheias, devolvendo gratidão. Se esconderá em lugares vazios, pois sua única exigência será sinalizações que apontem para a existência do amor. Seus cômodos comportarão pai, mãe, filhos, avós, amigos. Comportarão nossa história e a descoberta de chegadas e partidas, do amor acompanhado da dor em que um não existirá sem o outro.

COMO AJUDAR UMA PESSOA EM SITUAÇÃO DE LUTO •••••••••••••••••

No decorrer deste livro você pôde observar que o luto é classificado de várias formas, mas em todas elas o acolhimento e a empatia devem vir em primeiro lugar. Portanto, separamos algumas dicas que podem ajudá-lo a lidar com um familiar ou amigo enlutado:

- Coloque-se no lugar de quem sofreu a perda.

- Não minimize a dor do outro.

- Respeite seu momento de silêncio.

- Não utilize frases como "isso vai passar"; substitua-a por "sinto muito, há algo que eu possa fazer neste momento?".

- Recomende atividades que possam confortá-lo: ler um livro, escutar música, assistir a filmes, meditar, praticar exercícios físicos etc.

- Em casos mais extremos, aconselhe-o a procurar ajuda especializada, um serviço de atendimento ou um profissional de saúde mental (psicólogo e/ou psiquiatra).

- Se o enlutado tiver fé, pode ser bom realizar um ritual de despedida (oração, enterrar as cinzas e plantar uma árvore, por exemplo).

SE FOR PRECISO CHORE, MAS NÃO QUESTIONE A VONTADE DE DEUS

Eu sei o quanto é difícil viver a perda de alguém que amamos. Nessas horas de dor, muitas vezes não achamos palavras para traduzir o que estamos sentindo...

Entretanto, para ajudar nessa travessia, separamos uma *playlist* incrível com músicas que refletem sobre o luto, para que você as ouça e permita que suas emoções se renovem, se conectem às lembranças do passado e, sobretudo, lhe proporcionem forças para seguir em frente.

Somente o amor poderá transformar essa ausência em presença.

ONDE PROCURAR AJUDA? • • • • • • • • • • • •

Ninguém precisa sofrer sozinho! Existem grupos de apoio que buscam proporcionar alívio para a dor, ao lado de pessoas que viveram a mesma experiência.

ATENDIMENTO GRATUITO

- Serviços de saúde, como os Centros de Atenção Psicossocial – CAPS e as Unidades Básicas de Saúde – UBS.
- Em casos de emergência, procure o Serviço de Atendimento Móvel de Urgência – SAMU 192, as Unidades de Pronto Atendimento – UPA, pronto-socorros e hospitais.
- Luspe – Instituto de Psicologia, em Caxias do Sul – RS. Site: https://luspe.com.br. Tel.: (54) 3028-0015.
- Amigos Solidários na Dor do Luto, no Rio de Janeiro – RJ. Site: https://amigossolidariosnadordolutorj.blogspot.com. Tel.: (21) 99823-4770.
- Apoio a Perdas Irreparáveis (API), em Belo Horizonte – MG. Site: https://redeapi.org.br. Tel.: (31) 3282-5645.
- Associação Brasileira de Apoio ao Luto (Casulo), em São Paulo – SP. Site: https://www.grupocasulo.org. Tel.: (11) 98710-4551.
- Grupo de Apoio às Perdas e ao Luto do Distrito Federal (GALDF), em Brasília – DF. Site: https://www.facebook.com/GALDFpsicologiaClinicaedaSaude. Tel.: (61) 99151-8389.
- Grupo de Apoio a Pais Enlutados – Anjos Secretos (GAPE), em Caxias do Sul – RS. Site: https://www.luspe.com.br. Tel.: (54) 3028-0015.

- Terapia do Luto da Paróquia Nossa Senhora das Mercês, em Curitiba – PR. Site: https://www.ocapuchinho.com.br/PastoralDoLuto.php. Tel.: (41) 3335-5752.
- Lelu (Laboratório de Estudos e Intervenções sobre o Luto), em São Paulo – SP. Site: https://www.pucsp.br/clinica. Tel.: (11) 3862-6070.
- O Farol – Grupo de Apoio no Luto, em Recife – PE. Site: https://www.clinicadolutowordpress.com. Tel.: (81) 99693-3749.
- ONG Amada Helena, em Porto Alegre – RS. Sites: https://www.clinicadolutowordpress.com; https://www.facebook.com/ong.amadahelena. Tel.: (51) 98198-9205.
- Nomoblidis – Grupo de apoio ao sobrevivente enlutado, em São Bernardo do Campo – SP. Site: https://nomoblidis.com.br. Tel.: (11) 98649-1484 / 98507-0303.

ATENDIMENTOS PAGOS

- Instituto Influir: transforma as pessoas por meio da educação. Dispõe de uma metodologia psicoeducativa única, certificada e liderada por equipe multidisciplinar composta de psicólogos, pesquisadores, psicopedagogos, suicidólogos, psiquiatras, educadores, entre outros profissionais, que visam ao acolhimento humano, à prevenção e ao tratamento das doenças mentais, a partir das mudanças comportamentais. Oferece serviço pago, mas há um setor de psicólogos que atendem por um valor solidário. Tel.: (11) 2626-3074 / 94289-6294. Site: https://www.institutoinfluir.com.br.
- Instituto Vita Alere de Prevenção e Pósvenção do Suicídio: trabalha as questões de prevenção ao suicídio e processos de luto, com o objetivo do acolhimento de sobreviventes, fomentação de pesquisas, formação de profissionais para que

lidem da forma mais adequada possível com as questões que envolvem o suicídio, além de oferecer uma gama de serviços, como cursos e atendimentos psicológicos comandados por uma rede de psicólogos cadastrados e capacitados para atender quem pensa em suicidar-se, quem sobreviveu às tentativas de suicídio ou quem está passando por um momento de luto em razão de um ato suicida. Oferece um serviço pago, mas há um setor de psicólogos que atendem por um valor solidário. Site: https://www.vitaalere.com.br. Tel.: (11) 5084-3568.

CONSIDERAÇÕES FINAIS

O amor, o vínculo, a perda e a falta fazem parte do escopo que engendra todo o processo de perda, embasado em pesquisas, estudos teóricos e experiências vividas, que fundamentam as questões em torno do processo do luto. A correlação entre os teóricos sobre o luto se funde na medida em que o discurso tem o mesmo objetivo: entender o sofrimento humano e os mecanismos psíquicos subjacentes ao processo de luto, para possíveis intervenções, dignificando o ser humano como vulnerável e ao mesmo tempo mutável, respeitando seus limites e avançando no que é possível. Para alguns autores, o amor e a perda estão relacionados no que se refere ao apego. O luto pode ter numerosos significados, mas ainda se constitui um fenômeno psíquico e necessário dentro do âmbito psicológico, cognitivo e psicossocial do sujeito, alterando de forma significativa sua visão de mundo, bem como trazendo à tona seus aspectos mais subjetivos e primitivos.

Diante do exposto, a morte em si acompanha o sujeito desde o nascimento, quando as primeiras perdas são inevitáveis, como, por exemplo, a separação da mãe, possibilitando uma falta necessária no que se refere a um ser não extensivo à mãe, mas sim separado dela, autônomo.

Compreender o luto como um processo e não como um estado traz uma nova visão para possíveis intervenções, fundamentadas no conhecimento do homem com todas as suas peculiaridades e desafios em torno da finitude e de saber lidar com a falta.

O que nos cabe oferecer à pessoa enlutada é nossa empatia e atitudes de acolhimento, compaixão e fraternidade. Tais gestos permitirão que, pela força que há por trás da fraqueza e pela alegria que aguarda nas profundezas do luto, a pessoa enlutada possa ressurgir.

REFERÊNCIAS BIBLIOGRÁFICAS

ANDRADE, C. D. *Obra poética*. Lisboa: Publicações Europa-América, 1989. v. 4-6.

BEAUTRAIS, A. L. *Suicide Postvention*: Support for families, *Whānau* and Significant Others after Suicide. Wellington: Ministry of Youth, 2004.

BESSET, V. L. Luto e angústia: questões em torno do objeto. *Latin American Journal of Fundamental Psychopathology On Line*, São Paulo, v. 4, n. 2, p. 185-192, 2007. Disponível em: <http://pepsic.bvsalud.org/scielo.php?script=sci_arttext&pid=S1677-03582007000200006&lng=pt&nrm=iso>. Acesso em: 30 jan. 2022.

BOWLBY, J. *Apego e perda*. São Paulo: Martins Fontes, 1990. v. 1.

BRANCO, F. C. Sobre o amor e suas falhas: uma leitura da melancolia em psicanálise. *Ágora: estudos em teoria psicanalítica*, v. 17, n. 1, p. 85-98, jun. 2014. Disponível em: <http://www.scielo.br/scielo.php?script=sci_arttext&pid=S1516-14982014000100006&lng=en&nrm=iso>. Acesso em: 27 jan. 2022.

CATERINA, M. C. *O luto*: perdas e rompimento de vínculos – APVP. Módulo 28. Associação Psicanalítica do Vale da Paraíba. [Documento da Internet]. 2008. 42p. Disponível em: <www.apvp.com.br/artigos/apostila_luto_perda.pdf>. Acesso em: 25 jan. 2022.

ELIAS, N. *O processo civilizador*. Rio de Janeiro: Zahar, 1993. v. 2: Formação do Estado e civilização.

FREUD, S. (1917). Luto e melancolia. In: *Obras completas de Sigmund Freud*. Rio de Janeiro: Imago, 1972. v. XIV.

GANZERT, L. C.; CORREA, M. R. O processo de elaboração do luto diante da morte de pessoa significativas. *Psicolado Artigos*, abr. 2013. Disponível em: <https://psicologado.com/atuacao/tanatologia/o-processo-de-elaboracao-do-luto-diante-da-morte-de-pessoas-significativas>. Acesso em: 30 jan. 2022.

GOUVÊA, T. V. S.; FUKUMITSU, K. O. (org.). *Vida, morte e luto*: atualidades brasileiras. São Paulo: Summus, 2018.

KLÜBER-ROSS, E. *Sobre a morte e o morrer*. São Paulo: Martins Fontes, 2005.

KOVÁCS, M. J. *Morte e desenvolvimento humano*. São Paulo: Casa do Psicólogo, 1992.

KOVÁCS, M. J. Falando de morte com crianças. In: *Psico.USP*, n. 2/3, 2016. Disponível em: <https://www.ip.usp.br/revistapsico.usp/index.php/30-commentor-2.html#:~:text=Quando%20pensamos%20em%20cuidado%2C%20devemos,cuidados%20com%20as%20crian%C3%A7as%20doentes>. Acesso em 16 maio 2022.

LACAN, J. (1962-1963/2005). *O Seminário livro 10*: a angústia. Rio de Janeiro: Jorge Zahar Editor, 2005.

LAKATOS, E. M.; MARCONI, M. A. *Fundamentos de metodologia científica*: técnicas de pesquisa. 7. ed. São Paulo: Atlas, 2010.

MAIA, B. B.; CAMPOS, B. R. R.; FERREIRA, F. N. et al. *E os que ficam?* Cartilha de orientações sobre o luto decorrente da morte de um ente querido no contexto da Covid-19. Araraquara: Padu Aragon, 2021. PDF 28 p.

MOURA, C. M. *Uma avaliação da vivência do luto conforme o modo de morte*. Distrito Federal: Universidade Brasília, 2006. 188 f. Dissertação de mestrado.

NEIVA, A. P. Vida e morte sob o olhar da psicanálise. *Diário de Pernambuco*. Disponível em: <http://www.impresso.diariodepernambuco.com.br/app/noticia/cadernos/vida-urbana/2016/11/23/interna_vidaurbana,158278/vida-e-morte-sob-o-olhar-da-psicanalise.shtml>. Acesso em: 25 jan. 2022.

OLIVEIRA, S. Luto coletivo: conheça grupos voltados para enlutados em todo o Brasil. *Revista Galileu*, 18 mar., 2019. Disponível em: <https://revistagalileu.globo.com/Revista/noticia/2019/03/luto-coletivo-conheca-grupos-voltados-para-enlutados-em-todo-brasil.html>. Acesso em: 30 jan. 2022.

PARKES, C. M. *Luto*: estudos sobre a perda na vida adulta. 2. ed. São Paulo: Summus Editorial, 1998.

SCAVANCINI, K. *Suicide Survivors Support Service and Postvention Activities*. Stockholm: Karolinska Institute, 2011.

SCHNEIDMAN, E. *Deaths of Men*. New York: Quadrangle, 1973.

VALE, L. D. A. *E foram deixados para trás*: uma reflexão sobre o fenômeno do suicídio. São Paulo: Loyola, 2017.

ZIMERMAN, D. E. *Os quatro vínculos*: amor, ódio, conhecimento, reconhecimento na psicanálise e em nossas vidas. 1. ed. Porto Alegre: Artmed, 2010.

ZWIELEWSKI, G.; SANT'ANA, V. Detalhes de protocolo de luto e a terapia cognitivo-comportamental. *Revista Brasileira de Terapias Cognitivas*, v. 12, n. 1, jan./jun. 2016. Disponível em: <https://cdn.publisher.gn1.link/rbtc.org.br/pdf/v12n1a05.pdf>. Acesso em: 30 jan. 2022.

Rua Dona Inácia Uchoa, 62
04110-020 – São Paulo – SP (Brasil)
Tel.: (11) 2125-3500
http://www.paulinas.com.br – editora@paulinas.com.br
Telemarketing e SAC: 0800-7010081